Kraftplan für eine gesunde 34-Jährige. Zur Gewichtszunahme und Stärkung der Rückenmuskulatur

Lennart Autschbach

Bibliografische Information der Deutschen Nationalbibliothek:

Die Deutsche Nationalbibliothek verzeichnet diese Publikation in der Deutschen Nationalbibliografie; detaillierte bibliografische Daten sind im Internet über http://dnb.d-nb.de abrufbar.

ISBN: 9783346484765
Dieses Buch ist auch als E-Book erhältlich.

© GRIN Publishing GmbH
Nymphenburger Straße 86
80636 München

Druck und Bindung: Books on Demand GmbH, Norderstedt Germany
Gedruckt auf säurefreiem Papier aus verantwortungsvollen Quellen

Das vorliegende Werk wurde sorgfältig erarbeitet. Dennoch übernehmen Autoren und Verlag für die Richtigkeit von Angaben, Hinweisen, Links und Ratschlägen sowie eventuelle Druckfehler keine Haftung.

Das Buch bei GRIN: https://www.grin.com/document/1118982

Deutsche Hochschule für
Prävention und Gesundheitsmanagement
Hermann Neuberger Sportschule 3
66123 Saarbrücken

Einsendeaufgabe

Fachmodul: Trainingslehre 1

Studiengang: Bachelor of Arts - Fitnessökonomie

Name, Vorname: Autschbach, Lennart

Inhaltsverzeichnis

1 Diagnose

Um eine optimale Trainingsplanung zu gewährleisten und auf die genauen Ziele, den gesundheitlichen Zustand und momentane Situation der Person einzugehen dient z.B. in einem Eingangsgespräch die Diagnose zur Beschaffung dieser Informationen. In diesem Gespräch wurden folgende Daten herausgefunden.

1.1 Allgemeine und biometrische Daten

Tab. 1 : Allgemeine und biometrische Daten einer fiktiven Person

Alter	34
Geschlecht	Weiblich
Körpergröße	158 cm
Gewicht	47
Blutdruck	117/75
Ruhepuls	58 Schläge pro Minute
BMI	18,83
Armumfang	22 cm
Beinumfang	43 cm
Bauchumfang	55 cm
Taillenumfang	57 cm
THQ	1,03
Berufliche Tätigkeit	Forschung in einem Chemiekonzern
Sportliche Aktivität und Trainingserfahrung	Die Probandin hat im Alter von 10 bis 18 Jahren Handball gespielt, musste jedoch nach einer Verletzung am Handgelenk mit dem Sport aufhören. Nun beschränkt sie sich auf einen 45 minütigen Lauf mit moderaten Tempo pro Woche.
Trainingsstufe	Da schon knapp 8 Jahre aktiv Sport betrieben wurde, jedoch keine Erfahrung im Bereich Kraftsport gesammelt werden konnten, befindet sich die Probandin in einem Anfängerstadium.
Trainingsmotive	Die Probandin findet sich zu „dünn" und möchte etwas Gewicht zulegen. Dazu dem vielen sitzen im Labor einen Ausgleich bieten und Kraft aufbauen.
Zeitlicher Rahmen	Die Probandin strebt ein zwei bis drei maliges Training pro Woche an welches sich auf 90 Minuten begrenzen soll. Dazu würde die Probandin weiterhin joggen gehen.
Gesundheitliche Einschränkungen	Die Verletzung ist verheilt und auch laut medizinischer Seite bzw. der Person bestehen keine Beschwerden mehr.

1.1.1 Blutdruckklassifikation

Tab.2 : Blutdruckklassifikation nach der World Health Organization von 1999

Bewertungsstufen	Systolischer Blutdruck	Diastolischer Blutdruck
Normblutdruck (Normotonie)		
Optimal	unter 120 mmHg	unter 80 mmHg
Normal	unter 130 mmHg	unter 85 mmHg
Hochnormal	von 130 bis 139 mmHg	von 85 bis 89 mmHg
Bluthochdruck (arterielle Hypertonie)		
Stufe 1	von 140 bis 159 mmHg	von 90 bis 99 mmHg
Stufe 2	von 160 bis179 mmHg	von 100 bis 109 mmHg
Stufe 3	über 180 mmHg	Über 110 mmHg

1.1.2 Bewertung der biometrischen Daten

Der Blutdruck wurde mit Hilfe eines elektrischen Messgeräts an der Innenseite des lin-
ken Handgelenks erfasst. Dieser wird in zwei Segmente eingeteilt. Zu einem der systoli-
sche Blutdruck, und zum anderen der diastolische Blutdruck. Nach der Klassifikation
der WHO von 1999 liegt ein optimaler systolischer Wert unter 120 mmHg und ein dias-
tolischer unter 80 mmHg. Der Blutdruck der Probandin liegt mit 117 mmHg in der sys-
tolischen Phase und mit 75 mmHg in der diastolischen Phase nach dieser Aufassung in
einem optimalen Bereich.

Ebenso liegt der Body Mass Index (BMI) bei 18,83. Bei einem Alter von 34 ergibt sich,
dass der Körperfettanteil in einem geringen aber noch optimalen Bereich liegt.

Der Ruhepuls beträgt 58 und liegt laut Markworth im Bereich einer gesunden Person.

1.2 Krafttestung

Da die Person keine gesundheitlichen Beschwerden aufweist und gesund ist, dient der
Krafttest einer Leistungskontrolle und führt zu einer optimalen Trainingssteuerung.

Auch der Vergleich zwischen Muskelgruppen kann aufgestellt werden womit eine weitere Trainingsplanung ermöglicht wird.

Da das Ziel einer Gewichtszunahme, primär durch Hypertrophie, erreicht werden soll,
ist die Individuelle-Leistungsbild-Methode (ILB- Methode) von Vorteil, da diese sich
auch an Praxisorientierten Erfahrungen angepasst hat und ebenso mit Blick auf die
Krafttrainingsforschung und Studien verbessert wurde. Das maximale Gewicht soll für
eine bestimmte Wiederholunsanzahl soll gemessen werden. Nach Eifler (2000) konnten

bei einem Training mit dieser Methode auch Beginner eine Kraftsteigerung von ca. 20 Prozent erzielen.

Die Probandin hat die Orientierungsphase abgeschlossen und sich die Bewegungsabläufe eingeprägt. Nun gibt der folgende Mehrwiederholungskrafttest (X-RM-Test), Werte zur optimalen Berechnung der Trainingseinheiten und intensitätsstufen wieder (Eifler, 2000, 2013).

Da die Person noch nicht viele Erfahrungen im Kraftsport sammeln konnte, werden für die Übungen des Leistungstests primär Geräte gewählt. Die ILB - Methode ist laut Strack & Eifler (2005) für alle Trainings- und Leistungsstufen anwendbar.

Demnach sollen Überbelastungen ausgeschlossen werden jedoch eine kontinuierliche Leistungssteigerung durch eine vorerst sarkoplasmatische Hypertrophie erfolgen. Daher wird eine Wiederholungsanzahl von 15 angestrebt.

Es werden insgesamt drei Testsätze durchgeführt bei denen der Trainer, in Absprache mit der Person, das über das Gewicht von leicht bis schwer entscheidet. Wenn der erste Satz mit Leichtigkeit absolviert werden konnte, kann das Gewicht zuerst um fünf Prozent, um zehn Prozent oder um 25 Prozent gesteigert werden. Es wird eine Pausenzeit von 60 Sekunden festgelegt.

1.2.1 Detaillierter Testablauf

Der Testablauf beginnt nach einem normalen Arbeitstag der Person mit einem regulären Aufwärmprogramm des ganzen Körpers. 60 Prozent der theoretischen maximalen Herzfrequenz sollten erreicht werden, dazu reichen zehn Minuten bei moderatem Tempo auf dem Crosstrainer aus.

Danach begibt sich die Probandin an die ausgewählte Übung und führt diese mit leichtem Gewicht aus. Dabei gibt der Trainer den Bewegungsablauf- und Geschwindigkeit vor bzw. achtet ebenfalls auf die korrekte Ausführung. Es wird eine bestimmte Reihenfolge eingehalten um den größtmöglichen Reiz auszuüben aber vor allem um Verletzungen und eine zu schnelle Ermüdung des Zielmuskels zu vermeiden. Dabei ist wichtig dass, große Muskelgruppen vor kleineren Muskelgruppen trainiert werden, mehrgelenkige Muskelgruppen vor ein gelenkigen und von leichten bzw. bekannten Übungen zu schweren und unbekannten Übungen gewechselt wird (Eifler, 2013, S. 211). Der Bewegungsablauf sollte noch nicht anstrengend sein, jedoch muss ein Bewegungsmuster von 2/0/2 eingehalten werden. Das heißt, dass von einer zwei sekündigen exzentrischen Bewegung, ein direkter Übergang in eine zwei sekündige konzentrische Bewegung erfolgt. Die letzte Wiederholung sollte gerade so ausführbar sein.

Das Training startet mit einem Kraftausdauerprogramm, da es sich hier um eine Beginnerin handelt, wird dem Kraftausdauertraining der ILB-Methode eine Wiederholungsanzahl von 15 zugeschrieben.

Tab. 3 :Ergebnisse des ILB- Tests der Person

Übung	Wiederholungen	Testsatz 1	Testsatz 2	Testsatz 3	Ergebnis
Beinpresse	15	30 kg	35 kg	45 kg	45 kg
Rudern am Gerät	15	15 kg	20 kg	25 kg	30 kg
Beinbeuger im liegen	15	20 kg	25 kg	25 kg	25 kg
Latzug zur Brust	15	10 kg	20 kg	30 kg	30 kg
Brustpresse	15	15 kg	20 kg	20 kg	25 kg
Schulterdrücken an der Maschine	15	10 kg	15 kg	15 kg	15 kg
Butterfly reverse (mit rev. Abgekürzt)	15	5 kg	10 kg	10 kg	10 kg

1.2.2 Schlussfolgerung

Um weitere Möglichkeiten des ILB Test auszuschöpfen, lassen sich verschieden Parameter benutzen. Zum einen kann durch den Mehrwiederholungskrafttest eine genaue Intensität ermitteln. Außerdem können Referenzwerte nach Abschluss der einzelnen Mesozyklen gezogen werden, welche weitere Trainingsplanungen vereinfachen. Jedoch ist eine schnelle Leistungssteigerung der Person zu erwarten, da sie sich noch am Anfang des Krafttrainings befindet (vgl. Eifler, 2000; Strack / Eifler, 2005). Um ausreichende, variierende Trainingsreize und genügend Abwechslung zu integrieren, kann das Grobraster zur Trainingsplanung nach der ILB-Methode zur Orientierung dienen.

Tab. 4: Grobraster zur Trainingsplanung nach der ILB-Methode (Eifler, 2000; Strack & Eifler, 2005)

Leistungs-stufe	Zeitstufe in Monaten	Trainingssystem (Organisations-form)	Trainings-häufigkeit	Übungen pro Muskelgruppe	Sätze pro Übung	Intensi-tät (in % ILB)
Orientie-rungsstufe	0 – 1,5	Ganzkörper (Gk)	2	1 - 2	1 - 2	gering
Beginner	1,5 - 6	Gk	2	1 - 2	1 - 2	50 bis 70
Geübter	6 - 12	Gk	2 - 3	1 - 2	2	60 bis 80
Fortge-schrittener	Über 12	Gk / Split	3 - 4	1 - 3	2 - 3	70 bis 90
Leistungs-trainieren-der	Über 36	Gk / Split	3 - 6	1 - 4	2 - 4	80 bis 100

2   Zielsetzung und Prognose

Um eine konstante und regelmäßige Belastung zu ermöglichen, werden für die Person verschiedene Ziele festgelegt. Diese sollten genau definiert werden und realistisch wirken, da sonst die Gefahr eines Motivationsverlustes besteht. Dabei richtet man sich nach der Einteilung in Inhalt, Ausmaß und zu welchem Zeitpunkt das Ziel erreicht werden soll.

Tab. 5 : Ziele der Probandin

	Biometrisches Hauptziel	Biometrisches Teilziel	Sportmotorisches Hauptziel
Inhalt	Eine Gewichtszunahme wird angestrebt	Den Armumfang vergrößern	Die Rückenmuskulatur stärken
Ausmaß	6 kg Muskelmasse	Von 22 zu 26 cm	10 Wiederholungen an der Rudermaschine mit 40 kg
Zeit	5 Monate	6 Monate	3 Monate
Zielbegründung	Laut BMI der Person liegt diese kurz vor einem leichten Untergewicht. Da sie sich selber zu dünn fühlt jedoch nicht über 55 kg wiegen will, wird eine Gewichtszunahme, hauptsächlich bestehend aus Muskelmasse zum Wunsch.	Der Person fehlt es laut Aussage an Kraft in den Armen, mit Hilfe einer Körperfettmessung durch eine biometrische Waage und Bestimmen der Körperumfänge soll hauptsächlich der Armumfang durch Muskelzuwachs zunehmen.	Da die Person einen Ausgleich zum vermehrten Sitzen integrieren wil soll dieser Bereich gestärkt werden. Dies ist z.B. mit einem weiteren ILB Test messbar.

3   Lösung Trainingsplanung Makrozyklus

Tab. 6 : Makrozyklus mit einer Dauer von sechs Monaten nach ILB- Methode (Individuelle Leistungsbild-Methode)

	Mesozyklus 1	Mesozyklus 2	Mesozyklus 3	Mesozyklus 4
Dauer in Wochen	6	6	6	6
spezifisches Trainingsziel	Kraftausdauer	Museklaufbau (extensiv)	Muskelaufbau (intensiv)	Maximalkrafttraining
Anzahl der Trainingseinheiten pro Woche	2	2	2	2
Organisationsform	Ganzkörper	Ganzkörper	Ganzkörper	Ganzkörper
Anzahl der Übungen pro Muskelgruppe	1 - 2	1 - 2	1 - 2	1 - 2
Anzahl der Sätze pro Übung	2	2	2	2

Satzpausen (Sekunden)	60	90	120	180
Wiederholungszahlen	15	12	8	5
Intensität nach ILB in %*	50 - 70	50 - 70	50 - 70	50 -70
Bewegungstempo (TUT)	2 / 0 / 2	2 / 0 / 2	2 / 0 / 2	2 / 0 / 2

3.1 Begründung der Parameter des Makrozyklus

Der erstellte Makrozyklus basiert auf den gesundheitlichen sowie persönlichen Voraussetzungen der Person. Diese hat keine körperliche Einschränkungen und kann alle Übungen absolvieren. Nach dem ILB – Grobraster wird die Person als Beginner eingestuft und sollte deswegen alle Wiederholungs und Bewegungsmuster zu Beginn erfahren. 90 Minuten wurden für ein Ganzkörpertraining geplant. Damit vor allem der Fokus auf große Muskelgruppen gelegt werden kann. Ebenso soll sich vor allem die intramuskuläre Koordination verbessern, deswegen besteht der erste Mesozyklus aus einem Kraftausdauerprogramm welches sechs Wochen andauert. Bänder und Gelenke der Person sollen auch in einem höheren Wiederholungsbereich trainiert werden, um sich an kommende Belastungen zu gewöhnen und so die Risiken einer weiteren Verletzung minimieren werden (W.-U.Boeckh-Behrens/W.Buskies, 2000). Nach Eifler (2000) sind auch submaximale Gewichte geeignet um eine Kraftsteigerung zu sichern. Es wurde angegeben, dass ein zeitlicher Rahmen von zwei bis drei Trainingseinheiten pro Woche zur Verfügung steht. Da eine optimale Relation z.B. nach dem Modell der Superkompensation zwischen Belastung und Erholung beachtet werden sollte, wird das Krafttraining auf zwei Einheiten begrenzt. Durch moderates Joggen an Trainingsfreien Tagen, kann die Regenerationsfähigkeit und Nährstoffversorgung der Muskeln verstärkt werden, was einen positiven Effekt auf den Stoffwechsel hat. Die Kraftausdauerperiode strebt jedoch dasselbe an stellt jedoch die einzelne Muskelansteuerung in den Vordergrund. In den Mesozyklen zwei und drei wird eine Gewichtszunahme durch Muskelhypertrophie erreicht. Diese findet nach dem ILB - Grobraster im Wiederholungsbereich von 8 bis 15 statt. Auch hier soll das Prinzip des variierenden Reizes berücksichtigt werden, deswegen wird die Dauer des Zyklus auf 6 Wochen gesetzt. Nach Mesozyklus zwei findet ein weiterer X-RM-Test statt um ein genaueres Trainingsgewicht für die Probandin zu finden. Um einen trainingswirksamen Reiz zu garantieren, wird immer mit einer subjektiven Intensität von 50 bis 70 % trainiert, die im Laufe des Trainings bzw. zu jeder weiteren Trainingseinheit, durch Erhöhung des Gewichtes oder Verringern der Pause zwischen den Sätzen, gesteigert werden soll. Es sollten möglichst viele Muskelfasern aktiviert werden um die intramuskuläre Koordination zu verbessern.

Deswegen besteht der vierte Mesozyklus aus einem sechs wöchigen Maximalkraft Training, da hier besonders viele Muskelfasern gleichzeitig angesprochen werden, und dies
zu einer optimalen Kraftsteigerung führt. Die Periodisierung dient der Intensitätssteige-
rung, welche durch Gewichtserhöhung und Verringern der Wiederholungen stattfindet.

4 Trainingsplanung des dritten Mesozyklus

Tab. 7 : Dritter Mesozyklus der Trainingsplanung

Zyklusdauer	Sechs Wochen
Spezifisches Trainingsziel	Muskelaufbautraining (Hypertrophie)
Trainingseinheiten pro Woche	Zwei
Organisationsform	Ganzkörpertraining
Übungen pro Muskelgruppe	Eine bis zwei
Sätze pro Übung	Zwei
Satzpause	90 Sekunden
Wiederholungsanzahl	12
Intensität nach ILB* (Int.)	50 bis 70 % des ILB
Bewegungstempo	2 / 0 / 2

Tab. 8 : Spezifikation der Übungen für den dritten Mesozyklus

Übungen	Ge- wicht in Woche 1 bei Int. 50 %	Ge- wicht in Woche 2 bei Int. 50 %	Intensi- tät in Woche 3 bei Int. 60 %	Intensi- tät in Woche 4 bei Int. 60 %	Intensi- tät in Woche 5 bei Int. 70 %	Intensi- tät in Woche 6 bei Int. 70 %	Wiederholun- gen
Beinpresse	45 kg	45 kg	50 kg	50 kg	55 kg	55 kg	8
Rudern am gerät	35 kg	35 kg	40 kg	40 kg	45 kg	45 kg	8
Beinbeuger	30 kg	30 kg	35 kg	35 kg	40 kg	40 kg	8
Latzug zur Brust	25 kg	25 kg	30 kg	30 kg	35 kg	35 kg	8
Schulterdrü- cken am Gerät	12,5 kg	12,5 kg	15 kg	15 kg	17,5 kg	17,2 kg	8
Butterfly rev.*	10 kg	10 kg	12,5 kg	12,5 kg	15 kg	15 kg	8

4.1 Begründung der Übungsauswahl

Nach einem neuen Mehrwiederholungstest, konnten weitere Daten aufgenommen werden und eine Steigerung der Gewichte erkennbar gemacht werden. Durch das Krafttraining an Maschinen kann das Kraftniveau gut eingeschätzt werden und somit weitere
Trainingsintensitäten bestimmt werden. Bei den neuesten Maschinen kann eine individuelle Einstellung vorgenommen werden (vor allem der Hebelarme) und somit eine

zielgenaue Belastung des zu trainierenden Muskels erfolgt. Ungünstige Belastungen z.B. auf das passive Bewegegungssystem können so ausgeklammert werden. Das Kraftpotenzial ist abhängig vom Arbeitswinkel, so können z.b. durch die Exentertechnik diese die Wiederholung erschweren. Während des ersten Makrozyklus werden somit ausschließlich Maschinen bevorzugt. Die Bewegungsabläufe sind jedoch nicht auf den Alltag übertragbar, sodass nach absolvieren des letzten Mesozyklus der Fokus auf freie Gewichte und weitere Übungen gelegt wird. Jedoch dienen die ersten Mesozyklen zur allgemeinen Gewöhnung an das regelmäßige Ausführen bestimmter Übungen. Die Übungsauswahl ergibt sich nach dem Schema große Muskelgruppen vor kleinen da z.b. der Bizeps als ein Synergist beim Rudern agiert, wird dieser mit trainiert, soll durch die Belastung jedoch nicht ermüdet werden. Der Schwerpunkt liegt auf der Rückenmuskulatur (vgl. Tab. 5), diese hat sich im Laufe der Mesozyklen gut entwickelt und eine Erreichung eines Ziels ist in Sicht. Da die Person viel sitzt, wird durch eine extra Beanspruchung des M. deltoideus pars spinata mit dem Butterfly reverse, einer Fehlhaltung entgegengekommen, die durch das ständige Vorgebeugte sitzen, leichter entstehen kann. Nichts desto trotz, beginnt das Training mit der Beinpresse. Der M. quadriceps femoris ist nach dem M. glutaeus maximus einer der größten Muskeln und beansprucht bei Belastung sehr viel Blut. Hier kann während der Ausführung mit einer optimalen Nährstoffversorgung aller Muskeln gerechnet werden. Dazu regt es auch neben dem Kreislauf das zentrale Nervensystem an. Das Rudern an der Maschine und der Latzug beanspruchen den M. latissimus dorsi und Mm. trapezius der nach Wünschen der Probandin gestärkt werden soll. Diese mehrgelenkigen Übungen, bilden die Muskeln aus, die z.B. im nächsten Makrozyklus bei den freien Übungen wie z.B. Klimmzüge elementar von Bedeutung sind. Die Antagonisten spielen ebenfalls eine große Rolle um Dysbalancen zu verhindern, so wird mit der Brustpresse, der M. Pectoralis major trainiert. Der M. triceps brachii und der M. deltoideus pars clavicularis dienen hier als Synergisten und erhalten ebenfalls einen Trainingsreiz. Genauso wie beim Schulterdrücken an der Maschine. Durch diese Übungsauswahl ist ein gutes Gleichgewicht zwischen allen Muskelgruppen gegeben. Verschiedene Bauchmuskelübungen wie z.B Crunches könnten ins Aufwärmprogramm mit einbezogen werden, erhalten aber bei den meisten der ausgewählten Übungen ebenso einen trainingswirksamen Reiz, da sie als Stabilisationsmuskulatur dienen, vor allem aber die Rückenmuskulatur und eine aufrechte Haltung unterstützen (W.-U. Boeckh-Behrens/W.Buskies,2000, S.14). Die Übungen bleiben im ersten Makrozylus bestehen, da darauf abgezielt wird eine Kontinuität zu entwickeln und durch verschiedene Krafttests genaue Referenzwerte gezogen werden können.

Als Cool-Down wird ein Auslaufen auf dem Laufband oder zwei bis drei Dehnübungen nach Belieben ausgesucht. Dies dient zur Verkürzen der Regenerationszeit und verbessern des Bewegungsradius (ROM).

5 Literaturrecherche

Tab.9: Krafttrainingan konventionellen bzw. oszillierenden Geräten und Wirbelsäulengymnastik in der Prävention der Osteoporose bei postmenopausalen Frauen

Wer hat die Studie durchgeführt?	Monika Siegrist, Christoph Lammel, und Prof. Dr. Dieter Jeschke an der TU München
In welchem Jahr ist die Studie erschienen?	Die Studie erschien im Jahr 2006.
Mit welchen Versuchspersonen wurden die Studien durchgeführt?	Die Studie wurde mit 69 osteopenischen, postmenopausalen Frauen durchgeführt, deren Alter zwischen 50 und 70 Jahren lag. Voraussetzung war, das Eintreten der Menopause, sowie ein BMI von 18 bis 30 kg/m. Kriterium war ebenfalls, die flächenbezogene Knochendichte. Diese wurde mit der DXA Methode an der Lendenwirbelsäule (LWK 2-4) und am Oberschenkelhals (OSH) gemessen. Dort sollte der Wert zwischen -1 SD (Standardabweichungen) und -2,5 SD im Vergleich zum Referenzwert junger gesunder Frauen liegen.
Wie sah der Versuchsaufbau der Studien aus?	Zu Beginn der Studie sowie halbjährlich wurden eingehend Alltags- und Sportaktivitäten mit des Aktivitätsscores durch Sinaki erfasst. Ebenfalls fand ein Laktattest vor und nach eines stufenweise ansteigende Fahrradergometrie (ergoline 900,Bitz, Deutschland) im Sitzen bei einer Tretfrequenz von 70/min statt. Mit 25 Watt beim Start und Steigerung um jeweils um 25 Watt nach 2 Minuten bis zur subjektiven Erschöpfung. Dazu wurde die maximale Kraft der Kniegelenkstrecker und Unterarmbeuger als Einwiederholungsmaximum (1RM) am m3Diagnos+ (Schnell, Peutenhausen, Deutschland) bei vorgegebener Bewegungsamplitude bestimmt. Anhand der 1 RM Werte wurden Gruppen ausgelost. Alle Frauen führten zwei mal pro Woche eine angeleitete 45 Minuten dauernde Wirbelsäulengymnastik (WS) durch. Die Intensität orientierte sich an Alltagsreizen und sollte als subjektiv anstrengend empfunden werden. 20 Frauen beließen es nur bei der Gymnastik. 26 weitere Frauen führten dazu zwei mal pro Woche ein Krafttraining (KT) an ausgewählten Übungen durch. Die Intensität sollte dabei 60 bis 80 Prozent des repetition maximum (RM) liegen. 23 Frauen betrieben nach der Gymnastik ein Krafttraining mit vibrierenden Trainingsgeräten (VT). Der Fokus wurde dabei auf die Kniebeuge, Bizepscurls und Nackendrücken gelegt. An einem Trainingstag pro Woche fand eine Befindlichkeitsmessung statt. Rücken- und Nackenschmerzen sowie das Wohlbefinden sollten durch eine 10 cm lange vertikale, visuelle Analogskala am Morgen und vor sowie nachdem Training ermittelt. Der Wert 0 gab stark Schmer-

	zen wieder und verlief bis zum Wert 100 der ein gutes Wohlbefinden bzw. Keine Schmerzen wiederspiegeln sollte.
Welche relevanten Ergebnisse und Schlussfolgerungen lieferten die Studien?	Es ist anzumerken, dass 13 Frauen die Studie abbrachen. Am Oberschenkelhalsknochen konnte man eine Zunahme der Knochenfläche feststellen. Im 4%- Messbereich der Tibia konnte man durch das VT eine Vergrößerung der Gesamtknochenfläche um 2,1 Prozent erkennen. Aufgrund des Krafttrainings fand im 66%- Messbereich eine Knochenformation statt. Auch durch die WS verbesserte sich dieser Bereich. Ebenso nahm die Knochenfläche am distalen Radius durch das KT um 2 Prozent zu. Die Kraft des Kniegelenkstreckers nahm beim VT um 53,7 Prozent zu, beim KT um 50,1 Prozent und bei der WS um 21,9 Prozent. Das VT führte vor allem zu einer Kraftzunahme von 16,7 Prozent des Unterarmbeugers. Durch das KT stieg die maximale Leistung beim Ergometer um 8 Prozent und beim WS um 6 Prozent. Das Vibrationstraining zeigte in diesem Test keine wesentliche Veränderung. Im gesamten Studienverlauf konnten Verbesserungen des Wohlbefinden beobachtet werden. Das KT zeigte im ersten halben Jahr Verbesserungen aller Messbereiche. Es gab signifikante Unterschiede zwischen den Gruppen aber alle drei Trainingsmethoden verstärkten die Beinkraft, jedoch zeigte prägte sich das alleinige WS das Wohlbefinden stärker. Das KT jedoch zeigte nicht nur eine Kraftzunahme sondern auch eine deutliche Verbesserung der Knochengeometrie und empfiehlt sich somit als präventives Osteoporose Training.

Tab 10 : Erlanger Fitness und Osteoporose Präventions- Studie (EFOPS)

Umsetzung leistungssportlicher Prinzipien in der Osteoporose-Prophylaxe

Wer hat die Studie durchgeführt ?	Durchgeführt wurde die Studie von W. Kemmler, S. Von Stengel, W. Kalender und K. Engelke vom Osteoporosezentrum, Institut für Medizinische Physik in Erlangen. Dazu auch von D. Lauber und J. Weineck vom Institut für Sport und Sportwissenschaft.
In welchem Jahr wurden die Studien publiziert?	Die Studie wurde im Jahr 2007 veröffentlicht.
Mit welchen Versuchspersonen wurden die Studien durchgeführt?	137 frühpostmenopausale Frauen ohne Einnahme von Medikamenten mit Auswirkungen auf den Knochenstoffwechsel nahmen an der Studie teil. Davon führten 86 ein komplexes intensives körperliches Training durch. Die restlichen 51 Frauen führten dies nicht aus und dienten als Kontrollgruppe.
Wie sah der Versuchsaufbau der Studien aus?	Die Studie belief sich auf insgesamt fünf Jahre in denen untersucht wurde, ob und wie sich ein intensives Trainingsprogramm auf die Knochendichte während einer speziellen Lebensphase auswirkt. Dazu vollzog die eine Gruppe zwei Gruppentrainingseinheiten pro Woche für jeweils 60 Minuten welches im Verlauf der Studie auf drei mal erhöht wurde und trainierten ebenfalls zwei mal für 25 bis 30 Minuten Zuhause. Dieses

	Training wurde im Verlauf der Studie auf ein Training pro Woche reduziert. Die andere Gruppe trainierte nicht. Beide supplementierten jedoch in Abhängigkeit des Ergebnis einer fünf tägigen Ernährungsanalyse Kalzium und Vitamin D. Die Trainingseinheiten und Vollständigkeit wurde anhand Personenlisten kontrolliert und durch Osteoporoseübungsleiter geleitet. Es wurde zwischen drei Sequenzen unterschieden. Als erstes die Ausdauersequenz und einer Kraftsequenz. Nach fünf bis sechs Monaten wurde eine Sprungsequenz mit steigender Belastung hinzugefügt. Das Training verlief sehr komplex. Geräteübungen wurden durch freie Gewichte ersetzt und auch die Bewegungsgeschwindigkeit wurde mit der Zeit angepasst : Im dynamischen konzentrischen Bereich von zwei auf vier Sekunden, im isometrischen von einer Sekunde auf vier Sekunden und im dynamisch exzentrischen Bereich von zwei Sekunden auf vier Sekunden (2/1/2 zu 4/4/4 TUT). Dabei trainierten die Personen im Verhätnis zum Einwiederholungsmaximum von 70 bis 92,5 Prozent. Das Heimtraining War dem Gruppentraining ähnlich und bestand aus vier mal 20 Wiederholungen des Seilspringens und einem isometrischen Maximalkrafttraining mit acht bis zehn Übungen. Um die Ergebnisse zu überprüfen wurde ein Maximalkrafttest an ausgewählten Übungen durchgeführt. Ebenso wurde die Knochendichte am proximalen Femur und am distalen Unterarm mittels DXA gemessen. Dazu bekamen die Probandinnen ein Fragebogen der zur Einschätzung der Schmerzhäufigkeit und Intensität diente. Dabei gilt 0 auf der Skala als schmerzfrei und 7 als sehr stark und häufig.
Welche relevanten Ergebnisse und Schlussfolgerungen lieferten die Studien?	Zwar brach ein Teil der Gruppe die Studie ab, jedoch ließ sich schon nach drei Jahren ein signifikanter Unterschied der Knochendichte an der Lendenwirbelsäule und am proximalen Femur der Trainingsgruppe im Vergleich zur Kontrollgruppe feststellen. Nach weiteren 2 Jahren mit den angepassten Bewegungsmustern zeigten sich ebenfalls bessere Ergebnisse der Trainingsgruppe aus. Da weniger Knochendichte verloren ging als bei der Kontrollgruppe. Auch die Schmerzhäufigkeit der großen Gelenke ließ bei der Trainingsgruppe nach. So konnte man feststellen, dass verschiedene Belastungsreize im Sinne einer Trainingsperiodisierung nicht ausreichen um eine Destabilisierung des Knochens zu verhindern. Trotzdem zeigt die Studie, dass ein komplexes, intensives körperliches Training positive Auswirkungen auf die Knochendichte an LWS und Schenkelhals hat. Sowie auch in der frühen Postmenopause weitestgehend erhaltende Funktionen beweist, die sich nicht negativ auf das Schmerzskala auswirken.

6 Literaturverzeichnis

Buskies, W. (1999).

Sanftes Krafttraining nach dem subjektiven Belastungsempfinden versus

Training bis zur muskulären Ausbelastung. Deutsche Zeitschrift für Sportmedi-

zin, 50 (10), 316-320.

Eifler, C. (2000).

Krafttraining nach der ILB-Methode - Eine empirische Überprüfung der

Trainingseffekte bei Anfängern und Fortgeschrittenen. Unveröffentlichte

Diplomarbeit, Universität des Saarlandes. Saarbrücken.

Eifler, C (2013).

Empirische Überprüfung der Effekte verschiedener Ansätze zur

Intensitätssteuerung im fitnessorientierten Krafttraining

Fröhlich, M. (2006).

Eine metaanalytische Betrachtung. Sportwissenschaft 36. 269-291.

Marschall,F. & Fröhlich,M. (1999). Überprüfung des Zusammenhangsvon Ma-

ximakraft Und maximaler Wiederholungszahl bei deduzierten submaximalen In-

tensitäten. Deutsche Zeitschrift für Sportmedizin 50(10),311-315.

Erlanger Fitness und Osteoporose Präventions- Studie (EFOPS) -

Umsetzungleistungssportlicher Prinzipien in der Osteoporose-Profylaxe.

Kemmler W (1), von Stengel S (1), Kalender (1),Engelke (1) Lauber (2), Wei-

neck J (2), 1 : Osteoporosezentrum, Institut für Medizinische Physik, Erlangen-

Nürnberg.

2 : Institut für Sport und Sportwissenschaft, Universität Erlangen-Nürnberg:

Zugriff am 10.10.2018

https://www.germanjournalsportsmedicine.com/artikel-online/archiv-2007/heft-

12/

Siegrist (1,2), Lammel (2) und Jeschke (1,2)

Krafttraining an konventionellen bzw. oszillierenden Geräten und

Wirbelsäulengymnastik in der Prävention der Osteoporose bei

postmenopausalen Frauen von

1 : Lehrstuhl und Poliklinik für Präventive und Rehabilitative Sportmedizin, TU

München   2 : Kuratorium für Prävention und Rehabilitation, TU München

Zugriff am 10.10.2018 https://www.germanjournalsportsmedicine.com/articles-

online/archive-2006/heft-78/?L=1

7 Abbildungs- und Tabellenverzeichnis

7.1 Abbildungsverzeichnis

7.2 Tabellenverzeichnis

BEI GRIN MACHT SICH IHR
WISSEN BEZAHLT

- Wir veröffentlichen Ihre Hausarbeit,
  Bachelor- und Masterarbeit

- Ihr eigenes eBook und Buch -
  weltweit in allen wichtigen Shops

- Verdienen Sie an jedem Verkauf

Jetzt bei www.GRIN.com hochladen
und kostenlos publizieren